Impressum
Verlag: BABADADA GmbH, Nedderfeld 112 , 22529 Hamburg
Geschäftsführer / Verlagsleitung: Harald Hof
Druck: Books on Demand GmbH, In de Tarpen 42, 22848 Norderstedt

Imprint
Publisher: BABADADA GmbH, Nedderfeld 112 , 22529 Hamburg, Germany
Managing Director / Publishing direction: Harald Hof
Print: Books on Demand GmbH, In de Tarpen 42, 22848 Norderstedt, Germany

škola
škola

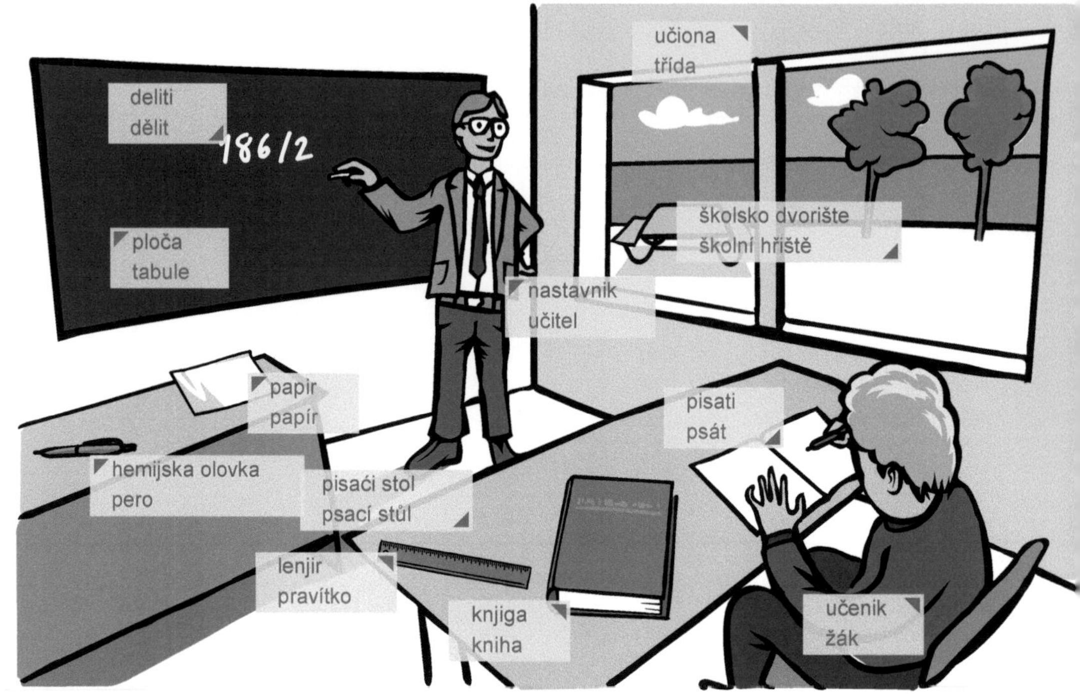
učiona
třída
deliti
dělit
186/2
ploča
tabule
školsko dvorište
školní hřiště
nastavnik
učitel
papir
papír
pisati
psát
hemijska olovka
pero
pisaći stol
psací stůl
lenjir
pravítko
knjiga
kniha
učenik
žák

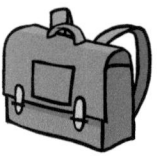

torba
aktovka

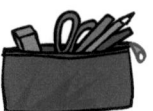

pernica
penál

grafitna olovka
tužka

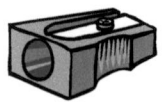

šiljilo za olovke
ořezávátko

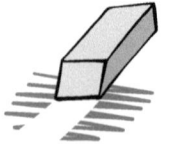

gumica za brisanje
guma

blok za crtanje
blok na kreslení

crtež
....
výkres

kist
....
štětec

kutija sa bojama
....
malířské potřeby

makaze
....
nůžky

lepilo
....
lepidlo

beležnica
....
cvičebnice

domaći zadatak
....
domácí úkol

broj
....
počet

sabirati
....
sčítat

oduzimati
....
odčítat

množiti
....
násobit

računati
....
počítat

slovo
....
písmeno

abeceda
....
abeceda

reč
....
slovo

tekst
text

čitati
číst

kreda
křída

čas
hodina

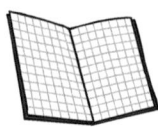

dnevnik
třídní kniha

ispit
zkouška

svedočanstvo
vysvědčení

školska uniforma
školní uniforma

obrazovanje
vzdělání

leksikon
encyklopedie

univerzitet
univerzita

mikroskop
mikroskop

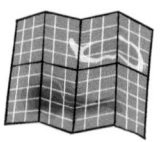

karta
karta

košara za papir
odpadkový koš na papír

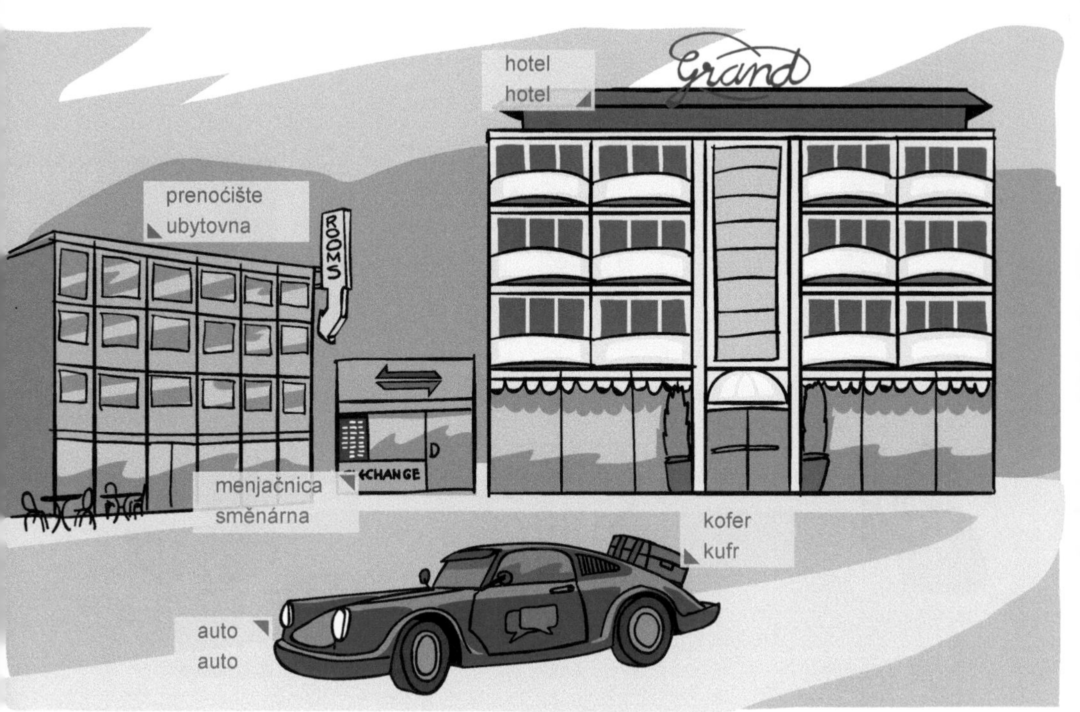

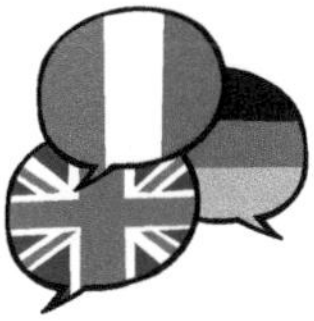

hotel
hotel
Grand
prenoćište
ubytovna
ROOMS
menjačnica
směnárna
EXCHANGE
kofer
kufr
auto
auto

jezik

jazyk

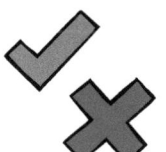

da / ne

ano / ne

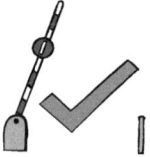

okej

oukej

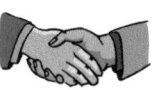

zdravo

Ahoj!

prevodilac

překladatel

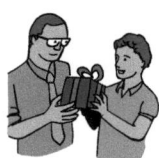

hvala

děkuji

Koliko košta...?

Kolik stojí...?

ne razumem

nerozumím

problem

problém

dobro veče!

Dobrý večer!

Dobro jutro!

Dobré ráno!

Laku noć!

Dobrou noc!

doviđenja

na shledanou

smer

směr

prtljaga

zavazadlo

torba

taška

ruksak

batoh

gost

host

soba

pokoj

vreća za spavanje

spací pytel

šator

stan

turističke informacije

turistické informace

plaža

pláž

kreditna kartica

kreditní karta

doručak

snídaně

ručak

oběd

večera

večeře

karta za vožnju

jízdenka

lift

výtah

poštanska markica

poštovní známka

granica

hranice

carina

clo

ambasada

poselství

viza

vízum

pasoš

pas

putovanje - cesta

transport

transport

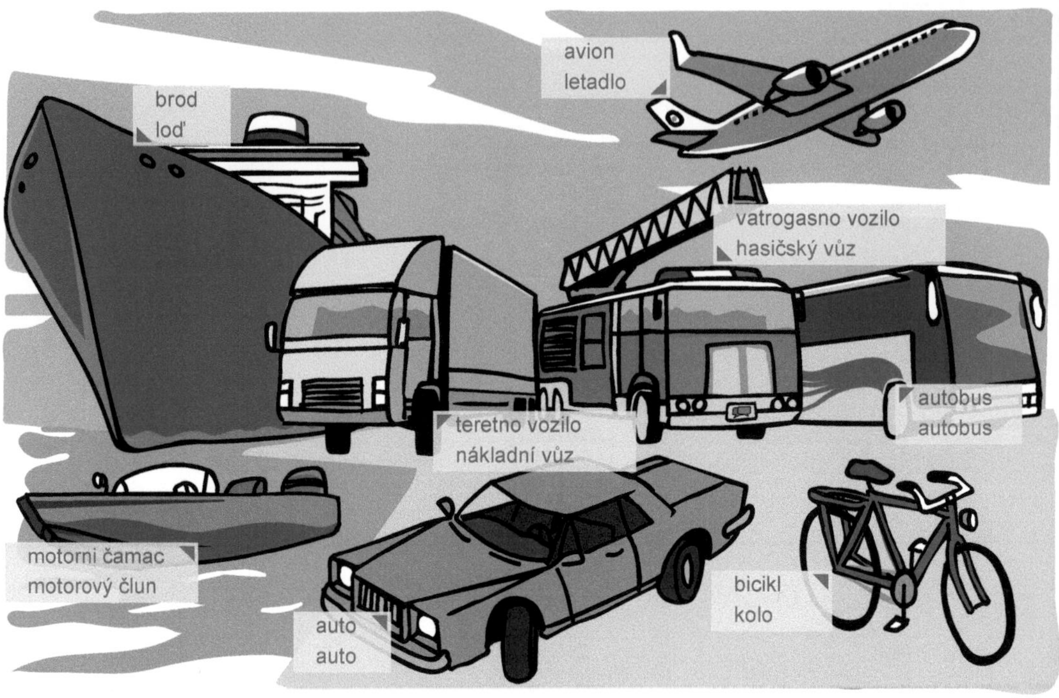

avion
letadlo
brod
loď
vatrogasno vozilo
hasičský vůz
autobus
autobus
teretno vozilo
nákladní vůz
motorni čamac
motorový člun
bicikl
kolo
auto
auto

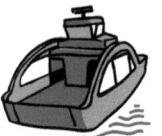

trajekt

přívoz

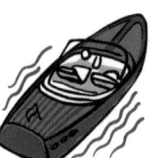

čamac

člun

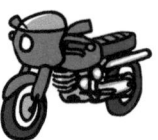

motocikl

motorka

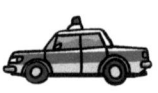

policijski auto

policejní auto

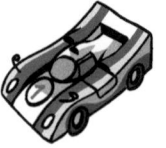

trkaći auto

závodní auto

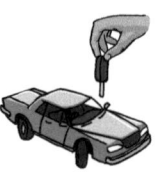

iznajmljeno auto

pronajaté auto

delenje automobila

sdílení aut

vučno vozilo

odtahová služba

vozilo za odvoz smeća

popelářský vůz

motor

motor

benzin

palivo

benzinska stanica

čerpací stanice

saobraćajni znak

dopravní značka

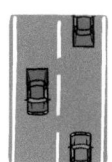

saobraćaj

doprava

zastoj

dopravní zácpa

parkiralište

parkoviště

železnička stanica

vlakové nádraží

šine

koleje

voz

vlak

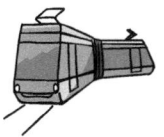

tramvaj

tramvaj

vagon

vagón

helikopter

helikoptéra

aerodrom

letiště

kula

věž

putnik

pasažér

kontejner

kontejner

karton

kartón

kolica

trakař

korpa

koš

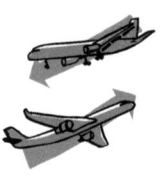

uzleteti / sleteti

vzlétnout / přistát

grad

město

selo

vesnice

centar grada

střed města

kuća

dům

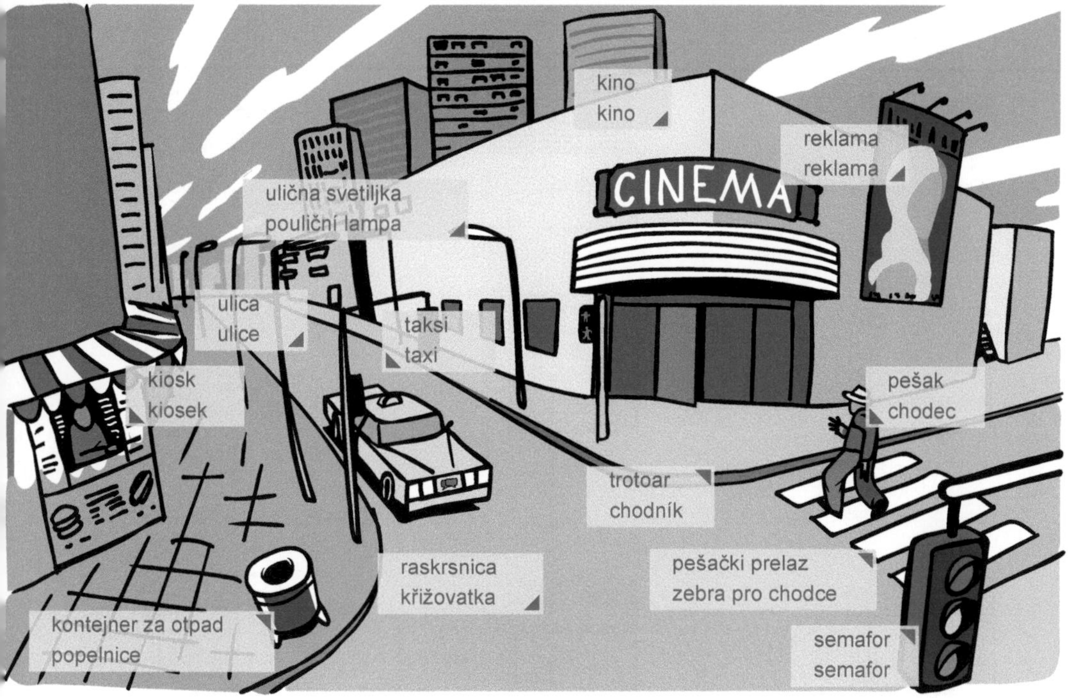

kino
kino

reklama
reklama

ulična svetiljka
pouliční lampa

ulica
ulice

taksi
taxi

kiosk
kiosek

pešak
chodec

CINEMA

trotoar
chodník

raskrsnica
křižovatka

pešački prelaz
zebra pro chodce

kontejner za otpad
popelnice

semafor
semafor

koliba
chata

stan
byt

železnička stanica
vlakové nádraží

većnica
radnice

muzej
muzeum

škola
škola

grad - město

11

univerzitet

univerzita

banka

banka

bolnica

nemocnice

hotel

hotel

apoteka

lékárna

kancelarija

kancelář

knjižara

knihkupectví

prodavnica

obchod

cvećara

květinářství

supermarket

supermarket

trg

tržnice

robna kuća

obchodní dům

ribarnica

rybárna

trgovački centar

nákupní centrum

luka

přístav

park
park

klupa
lavička

most
most

stepenice
schody

podzemna železnica
metro

tunel
tunel

autobuska stanica
autobusová zastávka

bar
bar

restoran
restaurace

poštansko sanduče
poštovní schránka

ulični znak
pouliční tabule

parkirni automat
parkovací hodiny

zoološki vrt
zoo

bazen
plovárna

džamija
mešita

seosko gazdinstvo
....
usedlost

zagađenje okoline
....
znečišťování životního
prostředí

groblje
....
hřbitov

crkva
....
církev

igralište
....
hřiště

hram
....
chrám

pejsaž
krajina

list
list

putokaz
rozcestník

put
cesta

livada
louka

kamen
kámen

drvo
strom

šetač
turista

reka
řeka

trava
tráva

cvijet
květina

dolina
údolí

planina
hora

jezero
jezero

šuma
les

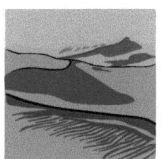

pustinja
poušť

vulkan
sopka

dvorac
zámek

duga
duha

gljiva
houba

palma
palma

moskito
komár

muva
moucha

mrav
mravenec

pčela
včela

pauk
pavouk

buba

brouk

žaba

žába

veverica

veverka

jež

ježek

zec

zajíc

sova

sova

ptica

pták

labud

labuť

divlja svinja

divoké prase

jelen

jelen

los

los

nasip

přehrada

vetrenjača

větrné kolo

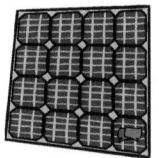

solarna ploča

solární panel

klima

podnebí

restoran

restaurace

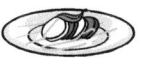

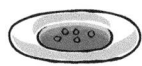

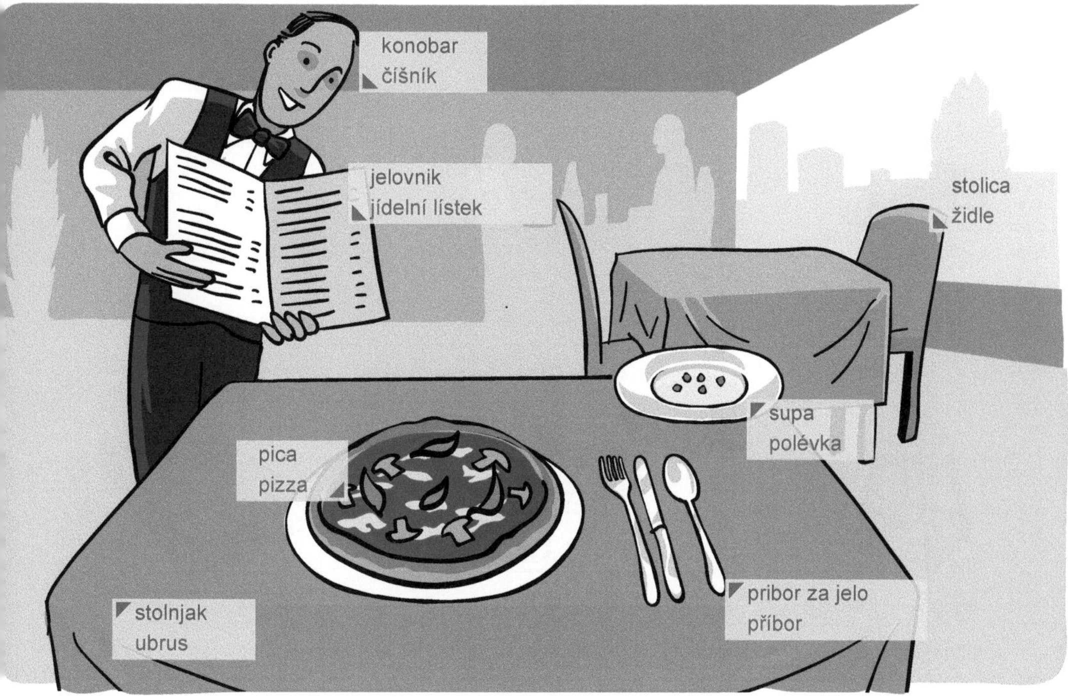

konobar
číšník
jelovnik
jídelní lístek
stolica
židle
supa
polévka
pica
pizza
pribor za jelo
příbor
stolnjak
ubrus

predjelo

předkrm

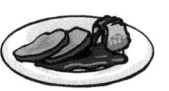

glavno jelo

hlavní chod

desert

dezert

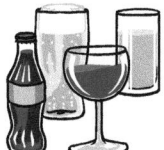

napitci

nápoje

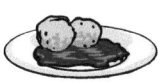

jelo

jídlo

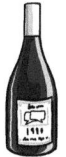

flaša

láhev

brza hrana

rychlé občerstvení

imbis hrana

pouliční občerstvení

čajnik

čajová konvice

doza za šećer

cukřenka

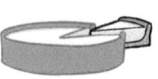

porcija

porce

aparat za espresso

kávovar na espresso

visoka stolica

dětská stolička

račun

faktura

poslužavnik

tác

nož

nůž

viljuška

vidlička

kašika

lžíce

čajna kašika

čajová lyžička

salveta

ubrousek

čaša

sklenička

tanjir

talíř

tanjir za supu

talíř na polévku

tanjirić

podšálek

sos

omáčka

soljenka

slánka

mlin za biber

mlýnek na pepř

sirće

ocet

ulje

olej

začini

koření

kečap

kečup

senf

hořčice

majoneza

majonéza

supermarket
supermarket

ponuda
nabídka
FOR
kupac
zákazník
mlečni proizvodi
mléčné výrobky
voće
ovoce
kolica za kupovinu
nákupní vozík

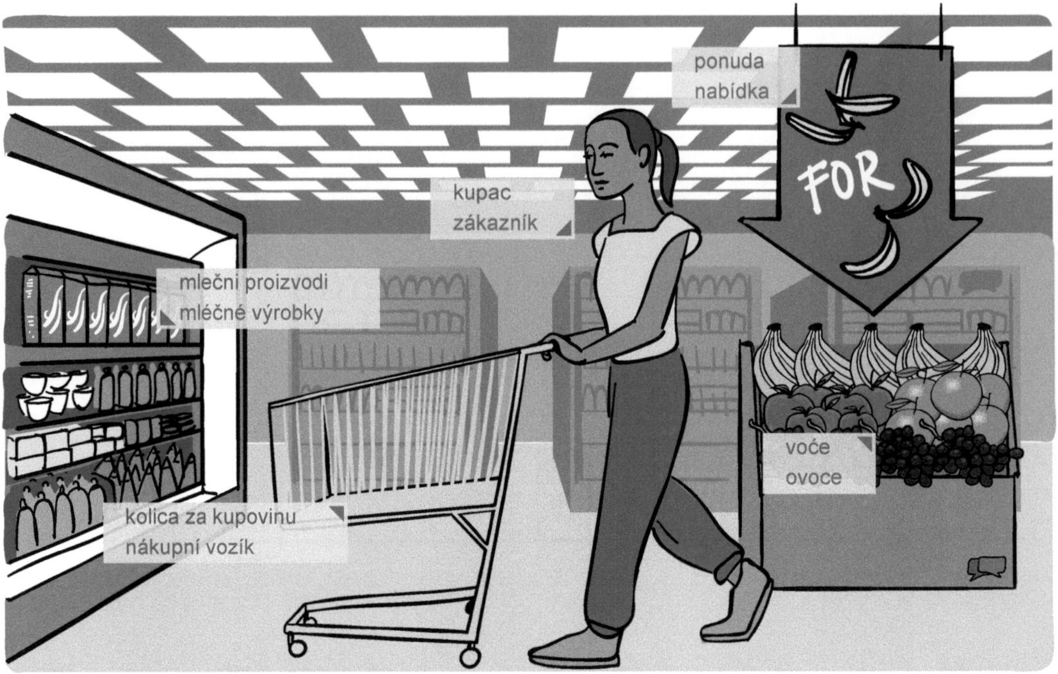

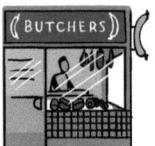

BUTCHERS

mesnica

masna

BAKERY

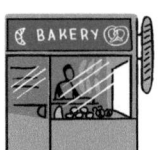

pekara

pekařství

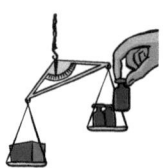

vagati

vážit

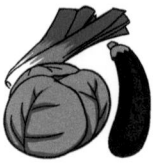

povrće

zelenina

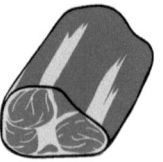

meso

maso

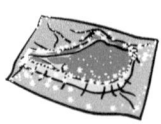

smrznuta hrana

mražené potraviny

narezak

obložený talíř

konzerve

konzervy

sredstvo za pranje

prací prášek

slatkiši

cukrovinky

artikli za domaćinstvo

výrobky pro domácnost

sredstva za čišćenje

čisticí prostředek

prodavačica

prodavačka

blagajna

pokladna

blagajnik

pokladní

lista za kupovinu

nákupní seznam

vreme rada

otevírací doba

novčanik

peněženka

kreditna kartica

kreditní karta

torba

taška

plastična kesa

igelitová taška

voda
voda

sok
džus

mleko
mléko

kola
kola

vino
víno

pivo
pivo

alkohol
alkohol

kakao
kakao

čaj
čaj

kava
káva

espresso
espresso

cappuccino
kapučíno

banana

banán

jabuka

jablko

narandža

pomeranč

lubenica

meloun

limun

citrón

šargarepa

mrkev

beli luk

česnek

bambus

bambus

luk

cibule

gljiva

houba

orašasti plodovi

ořechy

rezanci

těstoviny

špagete
špageti

riža
rýže

salata
salát

pomfrit
hranolky

pečeni krumpir
americké brambory

pica
pizza

hamburger
hamburger

sendvič
sendvič

šnicla
řízek

šunka
šunka

salama
salám

kobasica
salám

kokoš
kuře

pečenje
pečeně

riba
ryby

zobene pahuljice

ovesné vločky

musli

müsli

kukuruzne pahuljice

vločky

brašno

mouka

kroasan

croissant

pecivo

houska

hleb

chléb

toast

toast

keksi

sušenky

maslac

máslo

sveži sir

tvaroh

kolač

buchta

jaje

vejce

jaje na oko

volské oko

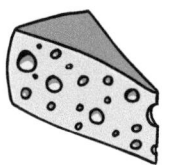

sir

sýr

jelo - jídlo

sladoled

zmrzlina

šećer

cukr

med

med

marmelada

marmeláda

nugat krema

nugátový krém

kari

kari

seosko gazdinstvo
usedlost

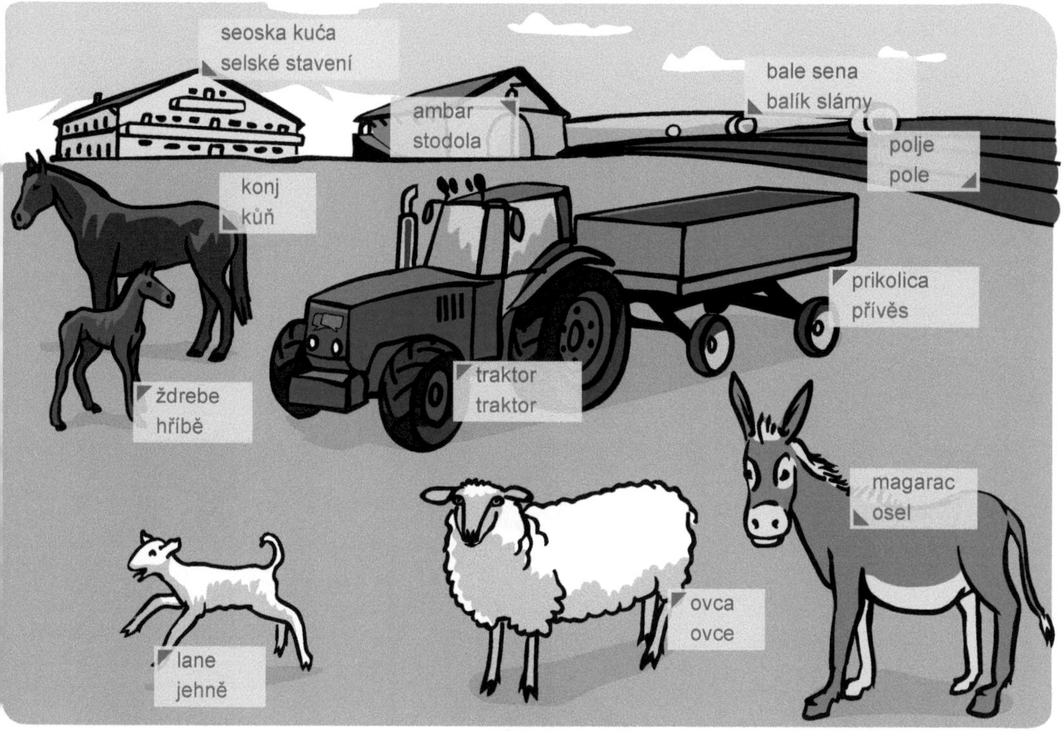
seoska kuća
selské stavení
ambar
stodola
bale sena
balík slámy
polje
pole
konj
kůň
prikolica
přívěs
traktor
traktor
ždrebe
hříbě
magarac
osel
ovca
ovce
lane
jehně

koza

koza

krava

kráva

tele

tele

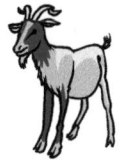

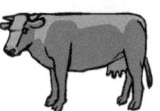

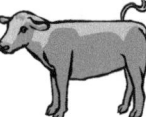

svinja

prase

prase

sele

bik

býk

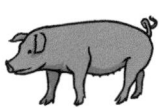

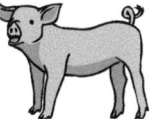

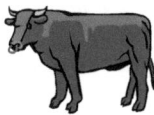

guska

husa

patka

kachna

pilići

kuře

kokoš

slepice

petao

kohout

pacov

krysa

mačka

kočka

miš

myš

vol

vůl

pas

pes

kućica za psa

psí bouda

vrtno crevo

zahradní hadice

kanta za polivanje

kropicí konev

kosa

kosa

plug

pluh

srp

srp

motika

motyka

viljuška za đubrivo

vidle

sekira

sekera

tačke

kolecko

korito

koryto

posuda za mleko

konev na mléko

vreća

pytel

ograda

plot

štala

stáj

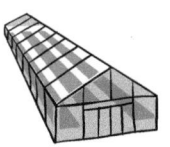

staklenik

skleník

zemlja

půda

seme

osivo

đubrivo

hnojivo

kombajn

kombajn

žeti
....
sklidit

žetva
....
sklizeň

jams začin
....
smldinec

pšenica
....
pšenice

soja
....
sója

krumpir
....
brambora

kukuruz
....
kukuřice

uljana repica
....
řepka

voćka
....
ovocný strom

gomolj manioke
....
maniok

žitarice
....
obilí

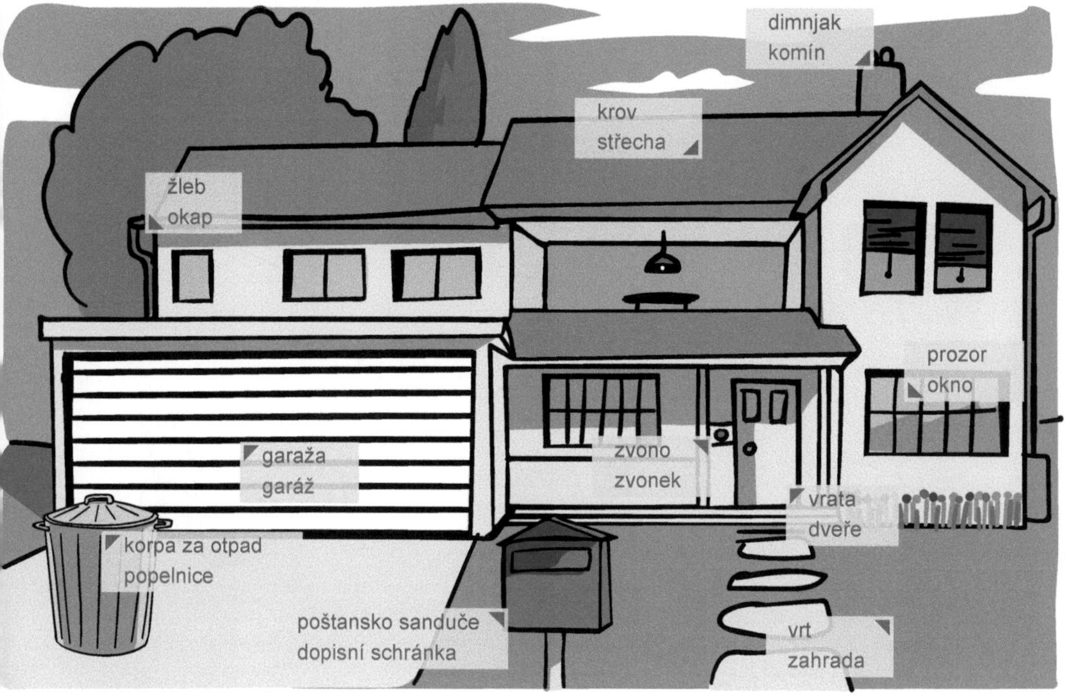

dimnjak
komín

krov
střecha

žleb
okap

prozor
okno

garaža
garáž

zvono
zvonek

vrata
dveře

korpa za otpad
popelnice

poštansko sanduče
dopisní schránka

vrt
zahrada

dnevna soba

obývací pokoj

kupaonica

koupelna

kuhinja

kuchyně

spavaća soba

ložnice

dečija soba

dětský pokoj

trpezarija

jídelna

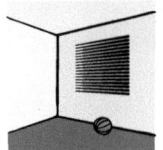

pod

podlaha

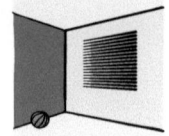

zid

zeď

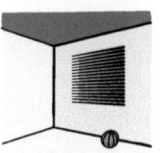

strop

deka

podrum

sklep

sauna

sauna

balkon

balkón

terasa

terasa

bazen

bazén

kosilica za travu

sekačka na trávu

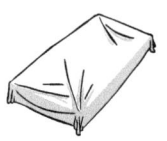

posteljina za krevet

ložní prádlo

deka za krevet

lůžková přikrývka

krevet

postel

metla

smeták

kanta

kýbl

prekidač

vypínač

dnevna soba
obývací pokoj

tapeta
tapeta
slika
obrázek
svetiljka
žárovka
regal
police
ormar
skříň
televizija
televizor
kamin
komín
cvijet
květina
jastuk
polštář
kauč
gauč
vaza
váza
daljinski upravljač
dálkový ovladač

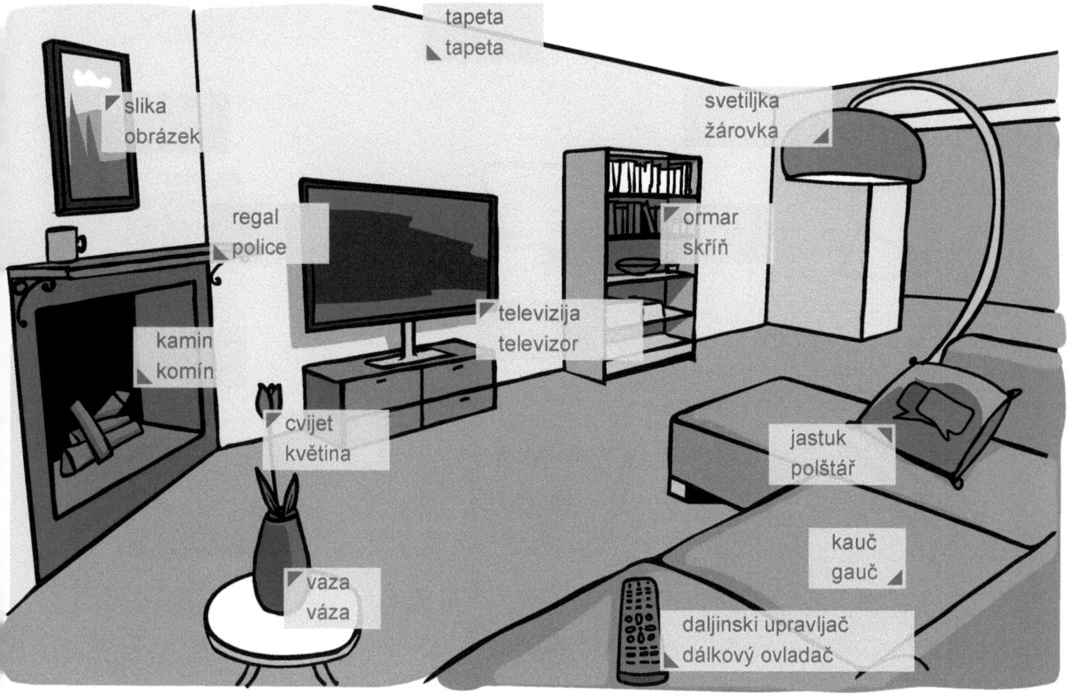

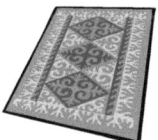

tepih

koberec

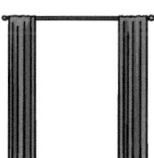

zavesa

závěs

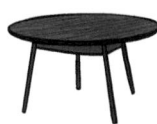

sto

stůl

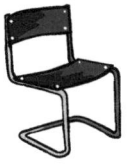

stolica

židle

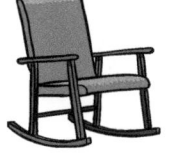

stolica za njihanje

houpací křeslo

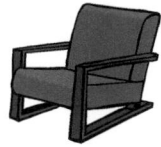

fotelja

křeslo

knjiga
kniha

deka
strop

dekoracija
ozdoba

drvo za ogrev
palivové dříví

film
film

hi-fi uređaj
stereo souprava

ključ
klíč

novine
noviny

slika na platnu
malba

poster
plakát

radio
rádio

blok za pisanje
poznámkový blok

usisivač
vysavač

kaktus
kaktus

sveća
svíce

kuhinja
kuchyně

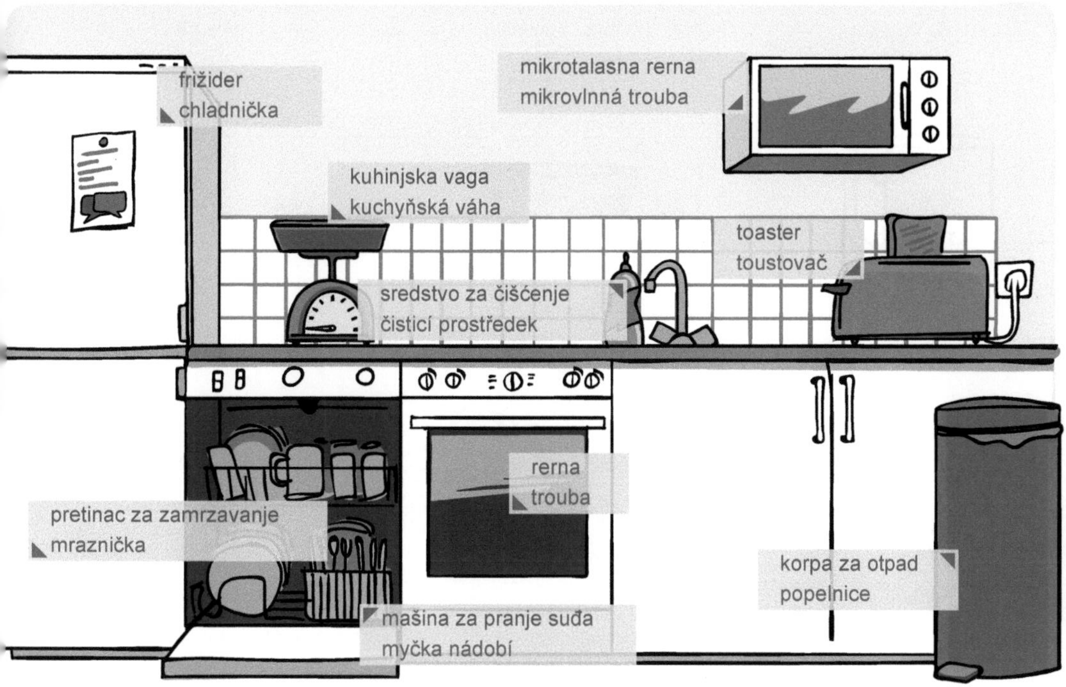

frižider
chladnička
mikrotalasna rerna
mikrovlnná trouba
kuhinjska vaga
kuchyňská váha
toaster
toustovač
sredstvo za čišćenje
čisticí prostředek
rerna
trouba
pretinac za zamrzavanje
mraznička
korpa za otpad
popelnice
mašina za pranje suđa
myčka nádobí

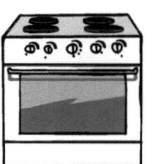

šporet

sporák

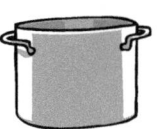

lonac

hrnec

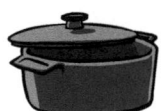

gvozdeni lonac

litinový hrnec

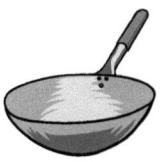

wok / kadai

wok / kadai

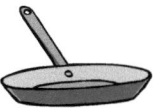

tava

pánev

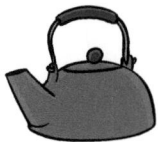

kuvalo za vodu

varná konvice

kuvalo na paru

parní hrnec

lim za pečenje

plech na pečení

posuđe

nádobí

čaša

hrnek

posuda

miska

štapići za jelo

jídelní hůlky

kutlača

naběračka

lopatica

obracečka

penjača

metla

sito za kuvanje

síto

sito

cedník

ribež

struhadlo

mužar

hmoždíř

roštilj

gril

ognjište

ohniště

daska

prkénko na krájení

oklagija

váleček na těsto

vadičep

vývrtka

konzerva

dóza

otvarač konzervi

otvírák na konzervy

krpa za lonac

chňapka

sudoper

umyvadlo

četka

kartáč na nádobí

sunđer

houba

mikser

mixér

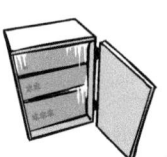

zamrzivač

mrazák

flašica za bebe

dětská lahev

slavina za vodu

kohoutek

kupaonica
koupelna

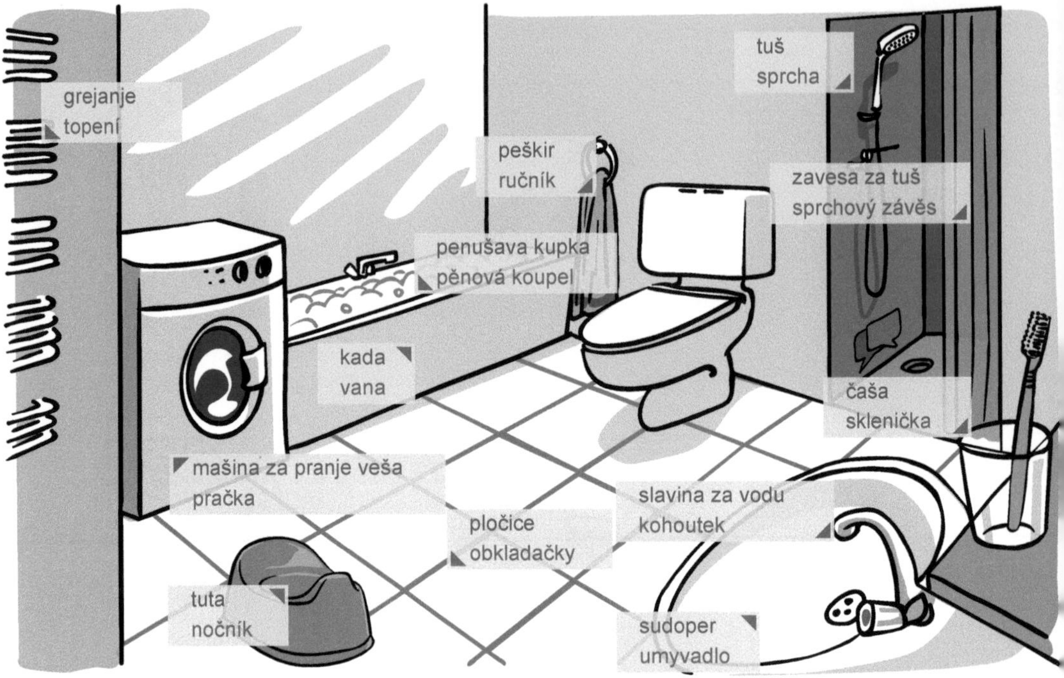

tuš
sprcha

grejanje
topení

peškir
ručník

zavesa za tuš
sprchový závěs

penušava kupka
pěnová koupel

kada
vana

čaša
sklenička

mašina za pranje veša
pračka

slavina za vodu
kohoutek

pločice
obkladačky

tuta
nočník

sudoper
umyvadlo

toalet	čučavac	bidet
záchod	turecký záchod	bidet
pisoar	toaletni papir	četka za toalet
pisoár	toaletní papír	záchodová štětka

četkica za zube
zubní kartáček

pasta za zube
zubní pasta

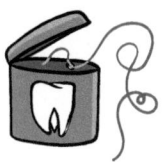

konac za zube
zubní niť

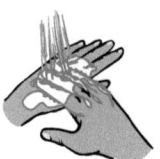

prati
mýt

tuš ručica
ruční sprcha

tuš za pranje intimnih
dełova
intimní sprcha

lavor
umyvadlo

četka za pranje leđa
kartáč na záda

sapun
mýdlo

gel za tuširanje
sprchový gel

šampon
šampón

krpa za pranje
žínka

odvod
odpad

krema
krém

dezodorans
deodorant

ogledalo

zrcadlo

kozmetičko ogledalo

kosmetické zrcátko

brijač

holicí strojek

pena za brijanje

pěna na holení

losion za posle brijanja

voda po holení

češalj

hřeben

četka

kartáč

fen za kosu

fén

sprej za kosu

lak na vlasy

makeup

makeup

ruž za usne

rtěnka

lak za nokte

lak na nehty

vata

vata

makaze za nokte

nůžky na nehty

parfem

parfém

kozmetička torbica

taška s toaletními potřebami

stolica

stolička

vaga

váha

ogrtač

župan

rukavice za čišćenje

gumové rukavice

tampon

tampón

uložak

dámská vložka

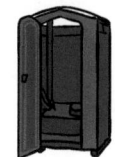

hemijski toalet

chemická toaleta

dečija soba

dětský pokoj

budilnik
budík
plišana igračka
plyšová hračka
auto igračka
autíčko
zvečka
chrastítko
kućica za lutke
domeček pro panenky
poklon
dárek

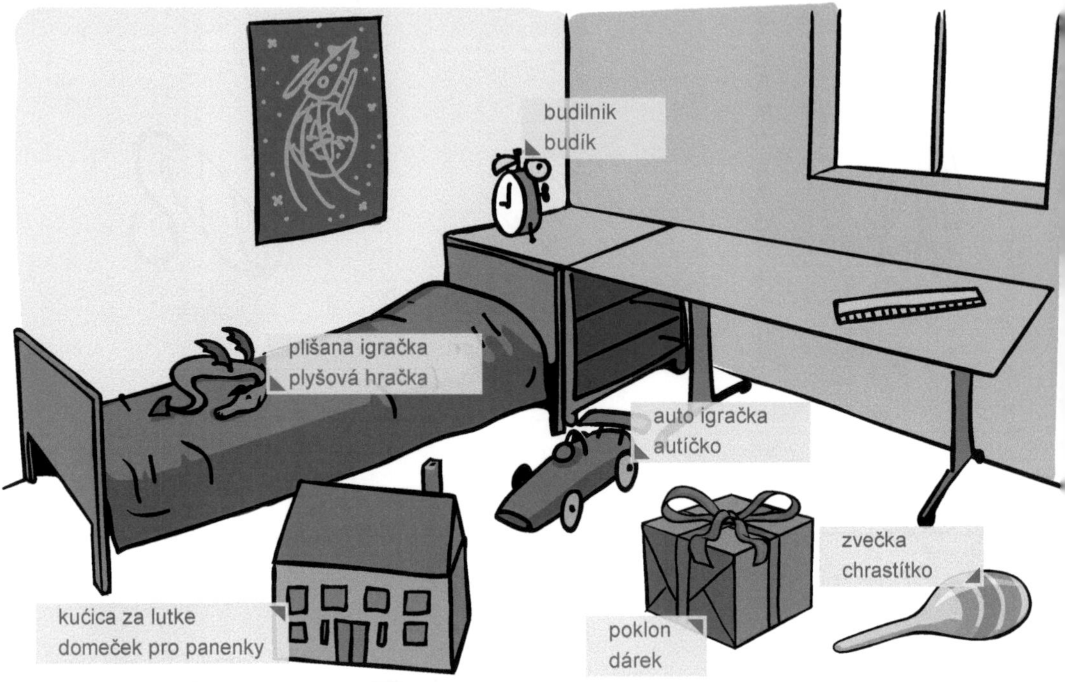

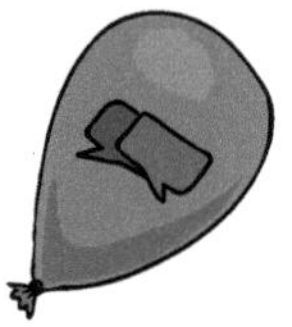

balon

balón

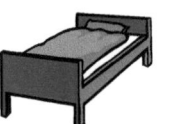

krevet

postel

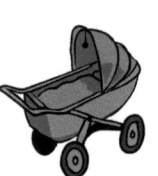

dječija kolica

kočárek

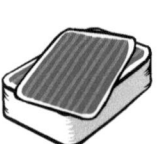

igra s kartama

balíček karet

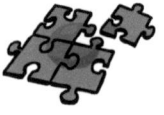

slagalica

puzzle

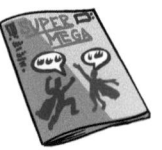

strip

komiks

lego kockice

lego kostky

kockice za slaganje

stavebnice

akcioni junak

akční figurka

benkica za bebe

dupačky

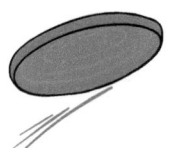

frizbi

frisbee

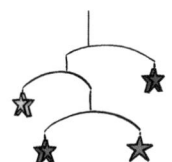

viseće igračke

závěsné hračky nad
postýlku

društvene igre

desková hra

kocka

kostky

minijaturna željeznica

modelová železnice

duda

dudlík

zabava

oslava

slikovnica

obrázková kniha

lopta

míč

lutka

panenka

igrati

hrát si

pješčanik
pískoviště

ljuljačka
houpačka

igračka
hračky

konzola za igre
hrací konzole

tricikl
tříkolka

tedi
medvídek

ormar
šatník

odeća

oblečení

kratke čarape
ponožky

čarape
punčochy

hulahopke
punčochové kalhoty

šal
šála

kišobran
deštník

majica
tričko

kaiš
pásek

čizme
kozačky

papuče
domácí obuv

patike
tenisky

sandale
sandály

cipele
obuv

gumene čizme
holínky

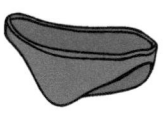

gaćice
spodní prádlo

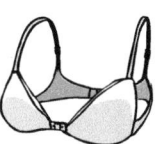

grudnjak
podprsenka

potkošulja
nátělník

bodi
body

pantalone
kalhoty

farmerke
džíny

suknja
sukně

bluza
blůza

košulja
košile

džemper
svetr

džemper s kapuljačom
mikina

sako
blejzr

jakna
bunda

kaput
kabát

kabanica
pláštěnka

kostim
kostým

haljina
šaty

venčanica
svatební šaty

odelo

oblek

spavaćica

noční košile

pidžama

pyžamo

sari

sárí

marama za glavu

šátek na hlavu

turban

turban

burka

burka

kaftan

kaftan

abaja

abája

kupaći kostim

plavky

kupaće gaćice

pánské plavky

kratke pantalone

kraťasy

odeća za trening

teplaková souprava

kecelja

zástěra

rukavice

rukavice

dugme

knoflík

naočare

brýle

narukvica

náramek

ogrlica

náhrdelník

prsten

prsten

naušnica

náušnice

kapa

čepice

vešalica

ramínko

šešir

klobouk

kravata

kravata

patent zatvarač

zip

kaciga

helma

naramenice

kšandy

školska uniforma

školní uniforma

uniforma

uniforma

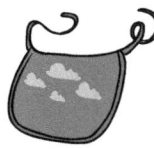

podbradak

bryndák

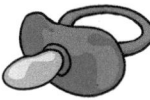

duda

dudlík

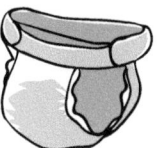

pelena

plena

kancelarija
kancelář

server
server
ormar za spise
kartotéka
štampač
tiskárna
papir
papír
monitor
monitor
miš
myš
pisaći stol
psací stůl
mapa
šanon
tastatura
klávesnice
košara za papir
odpadkový koš na papír
kompjuter
počítač
stolica
židle

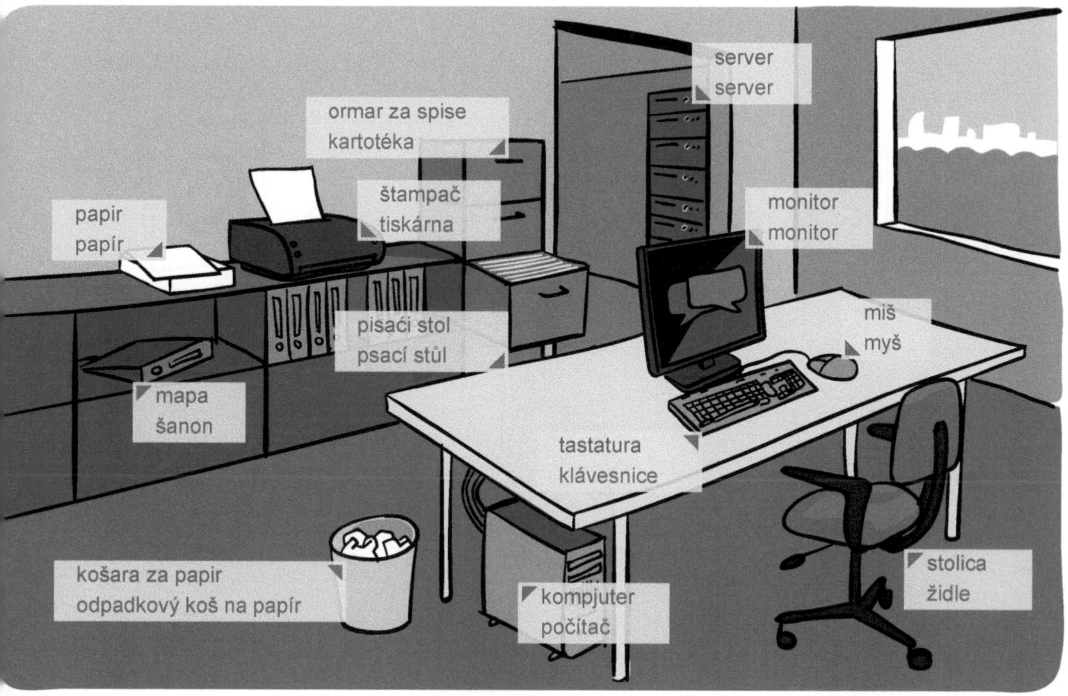

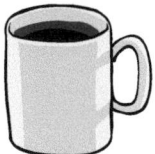

šalica za kavu

hrnek na kávu

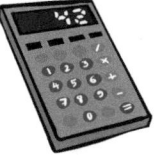

kalkulator

kalkulačka

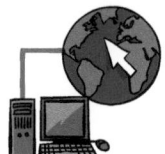

internet

internet

laptop

notebook

pismo

dopis

poruka

zpráva

mobilni telefon

mobil

mreža

síť

uređaj za kopiranje

kopírka

softver

software

telefon

telefon

utičnica

zásuvka

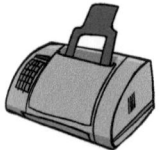

faks

fax

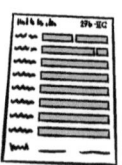

formular

formulář

dokument

dokument

kupovati

nakupovat

platiti

zaplatit

trgovati

jednat

novac

peníze

dolar

dolar

evro

euro

jen

jen

rublja

rubl

švajcarski franak

frank

renmindbi juan

juan

rupija

rupie

automat za novac

bankomat

menjačnica

směnárna

zlato

zlato

srebro

stříbro

nafta

olej

energija

energie

cena

cena

ugovor

smlouva

porez

daň

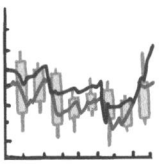

deonica

akcie

raditi

pracovat

službenik

zaměstnanec

poslodavac

zaměstnavatel

fabrika

továrna

prodavnica

obchod

zanimanja
povolání

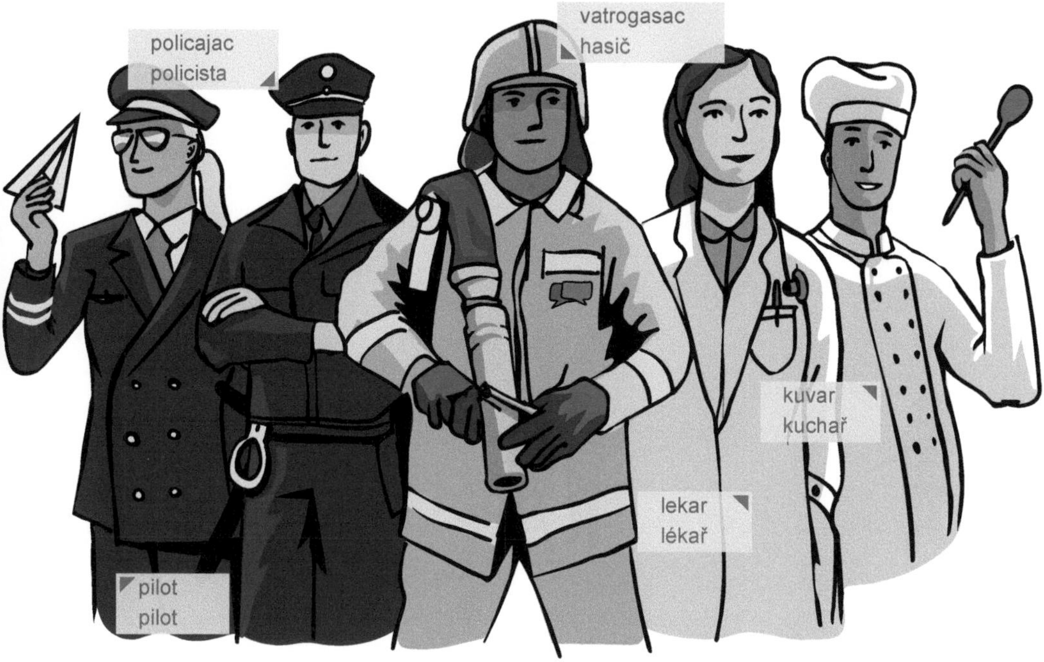
policajac
policista
vatrogasac
hasič
kuvar
kuchař
lekar
lékař
pilot
pilot

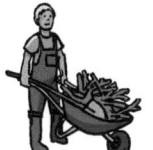

vrtlar
zahradník

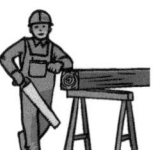

stolar
truhlář

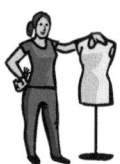

krojačica
švadlena

sudija
soudce

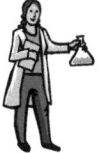

hemičar
chemik

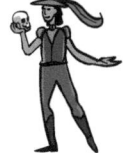

glumac
herec

vozač autobusa

řidič autobusu

vozač taksija

řidič taxi

ribar

rybář

čistačica

uklízečka

krovopokrivač

pokrývač

konobar

číšník

lovac

myslivec

slikar

malíř

pekar

pekař

električar

elektrikář

građevinski radnik

stavební dělník

inženjer

inženýr

mesar

řezník

limar

klempíř

poštar

listonoš

vojnik

voják

arhitekta

architekt

blagajnik

pokladní

cvećar

florista

frizer

kadeřník

kondukter

průvodčí

mehaničar

mechanik

kapetan

kapitán

zubar

zubař

naučnik

vědec

rabi

rabín

imam

imám

monah

mnich

svećenik

duchovní

alati
nářadí

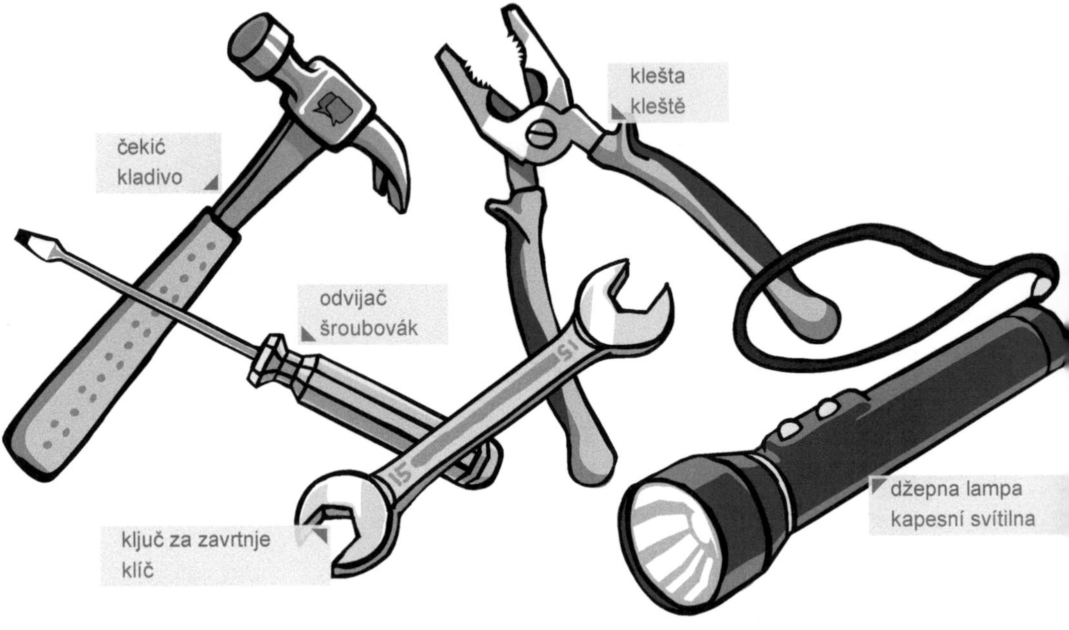
čekić
kladivo
klešta
kleště
odvijač
šroubovák
džepna lampa
kapesní svítilna
ključ za zavrtnje
klíč

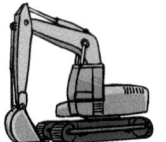

bager

bagr

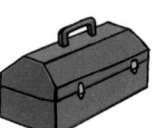

kutija za alat

skříň na nářadí

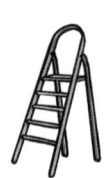

merdevine

žebřík

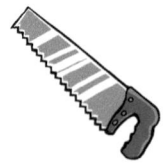

pila

pila

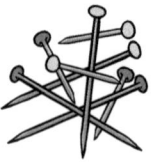

ekser

hřebíky

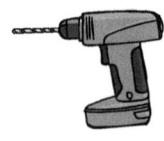

bušilica

vrtačka

popraviti

opravit

lopata

lopata

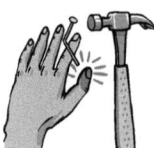

do đavola!

Kurva!

lopatica

lopatka

lonac za boju

vědroé na barvu

zavrtanji

šrouby

muzički instrument
hudební nástroje

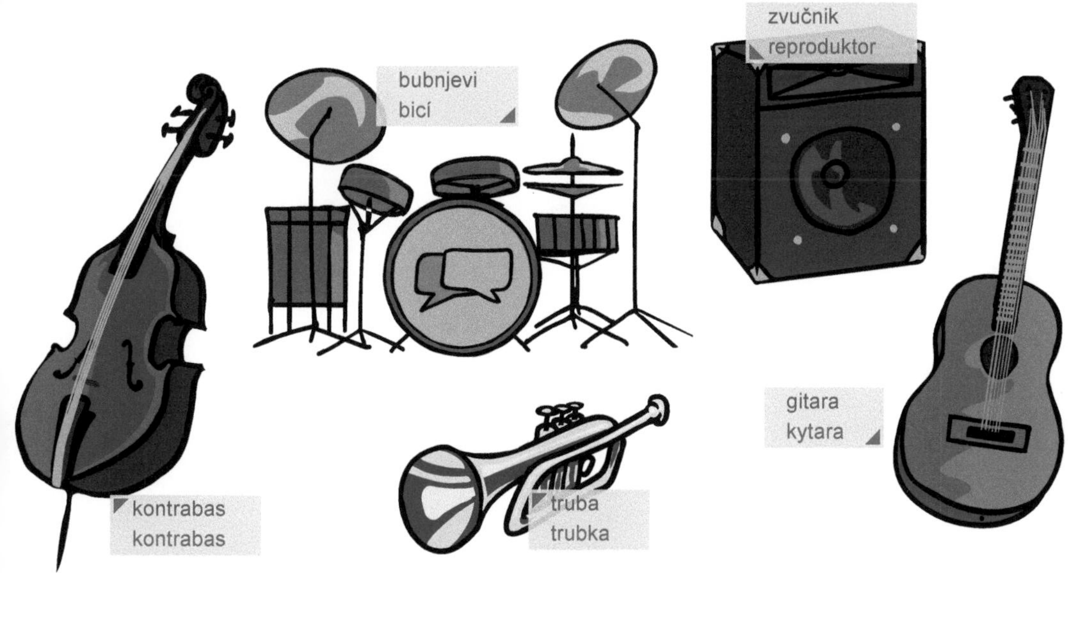

zvučnik
reproduktor

bubnjevi
bicí

kontrabas
kontrabas

truba
trubka

gitara
kytara

klavir

klavír

violina

housle

bas

basa

timpani

tympán

udaraljke za bubnjeve

bubny

tipke klavira

keyboard

saksofon

saxofon

flauta

flétna

mikrofon

mikrofon

ulaz
vstup

tigar
tygr

kavez
klec

zebra
zebra

hrana za životinje
krmivo pro zvířata

panda
panda

životinje
zvířata

slon
slon

kengur
klokan

nosorog
nosorožec

gorila
gorila

medved
medvěd

kamila

velbloud

noj

pštros

lav

lev

majmun

opice

flamingo

plameňák

papagaj

papoušek

polarni medved

lední medvěd

pingvin

tučňák

ajkula

žralok

paun

páv

zmija

had

krokodil

krokodýl

čuvar u zoološkom vrtu

ošetřovatel zvířat

tuljan

tuleň

jaguar

jaguár

poni

poník

leopard

leopard

nilski konj

hroch

žirafa

žirafa

orao

orel

divlja svinja

divoké prase

riba

ryby

kornjača

želva

morž

mrož

lisica

liška

gazela

gazela

americki nogomet
americký fotbal

biciklizam
cyklistika

tenis
tenis

košarka
košíková

plivanje
plavání

boks
box

hokej na ledu
lední hokej

fudbal	badminton	atletika
kopaná	badminton	lehká atletika
rukomet	skijanje	polo
házená	běh na lyžích	vodní pólo

skočiti
skočit

smejati se
smát se

zagrliti
objímat

ići
jít

pevati
zpívat

sanjati
snít

moliti se
modlit se

poljubiti
políbit

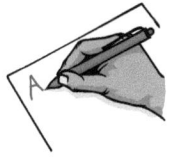

pisati

psát

crtati

kreslit

pokazati

ukazovat

gurati

tlačit

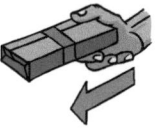

dati

dát

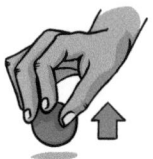

uzeti

vzít si

imati

mít

činiti

dělat

biti

být

stojati

stát

trčati

běhat

povlačiti

táhnout

baciti

hodit

padati

padat

ležati

ležet

čekati

čekat

nositi

nosit

sediti

sedět

oblačiti

oblékat

spavati

spát

probuditi se

vzbudit se

gledati

prohlédnout si

plakati

plakat

milovati

pohladit

češljati

česat

govoriti

hovořit

razumeti

rozumět

pitati

ptát se

slušati

slyšet

piti

pít

jesti

jíst

pospremiti

uklidit

voleti

milovat

kuhati

vařit

voziti

jet

leteti

letět

ploviti

plachtit

računati

počítat

čitati

číst

učiti

učit se

raditi

pracovat

venčati se

vzít si

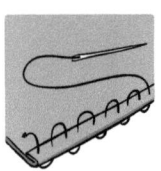

šiti

šít

prati zube

čistit si zuby

ubiti

zabít

pušiti

kouřit

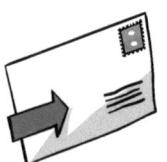

poslati

poslat

baka
babička

deda
dědeček

otac
otec

majka
matka

beba
dítě

kćerka
dcera

sin
syn

gost

host

tetka

teta

ujak, stric

strýc

brat

bratr

sestra

sestra

telo

tělo

čelo
čelo
oko
oko
rame
rameno
prst
prst
lice
obličej
brada
brada
ruka
ruka
noga
dolní končetina
grudi
hruď
ruka
paže

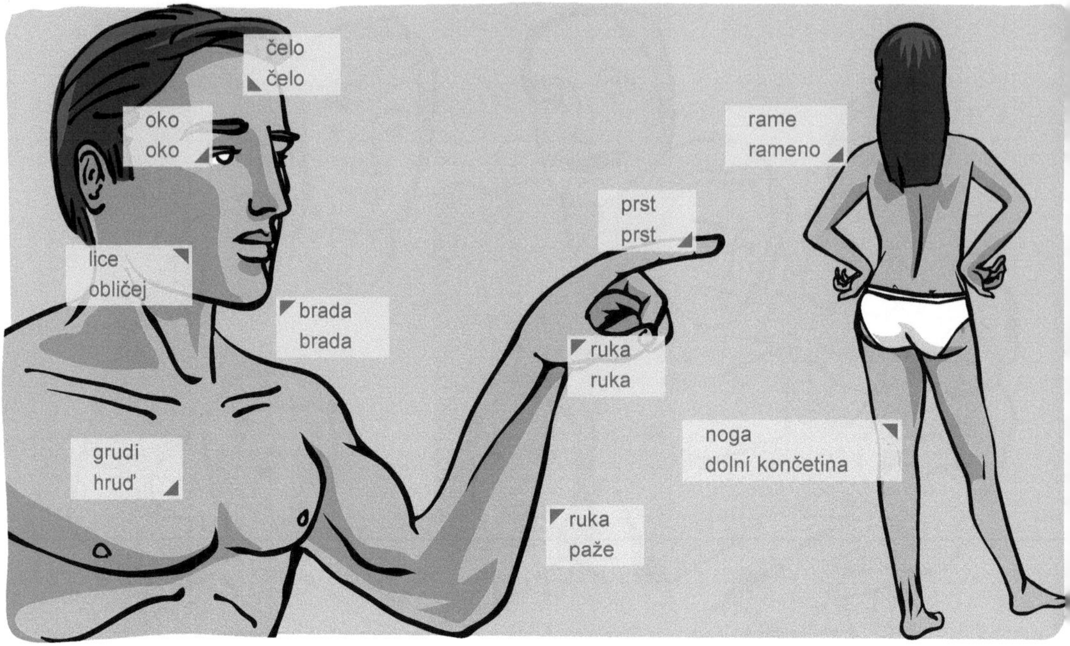

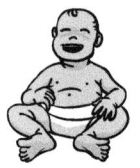

beba

dítě

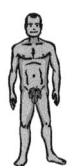

muškarac

muž

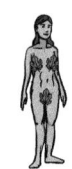

žena

žena

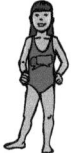

devojčica

dívka

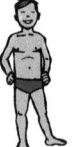

dečak

chlapec

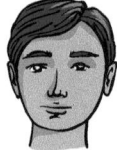

glava

hlava

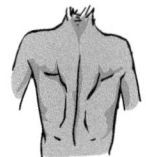

leđa
záda

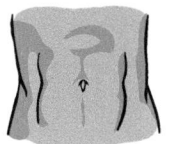

stomak
břicho

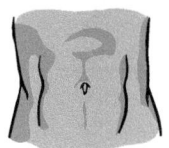

pupak
pupík

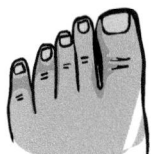

nožni prst
prst na noze

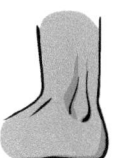

peta
pata

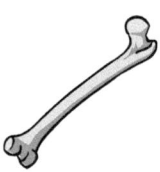

kost
kost

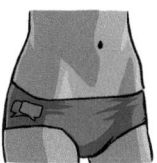

kukovi
bok

koleno
koleno

lakat
loket

nos
nos

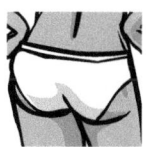

zadnjica
zadek

koža
kůže

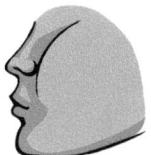

obraz
tvář

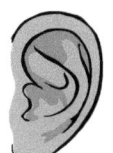

uvo
ucho

usna
ret

telo - tělo

usta

ústa

zub

zub

jezik

jazyk

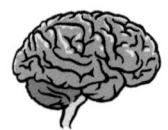

mozak

mozek

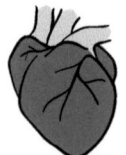

srce

srdce

mišić

sval

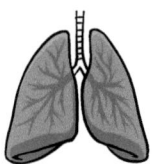

pluća

plíce

jetra

játra

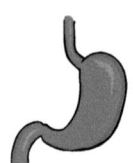

želudac

žaludek

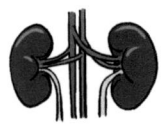

bubrezi

ledviny

polni odnos

pohlavní styk

kondom

kondom

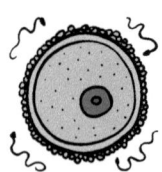

jajna ćelija

vajíčko

sperma

sperma

trudnoća

těhotenství

telo - tělo

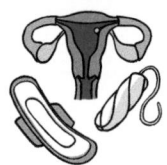

menstruacija
menstruace

vagina
vagina

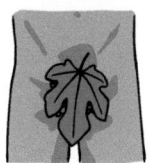

penis
penis

obrva
obočí

kosa
vlasy

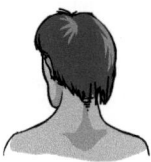

vrat
krk

bolnica
nemocnice

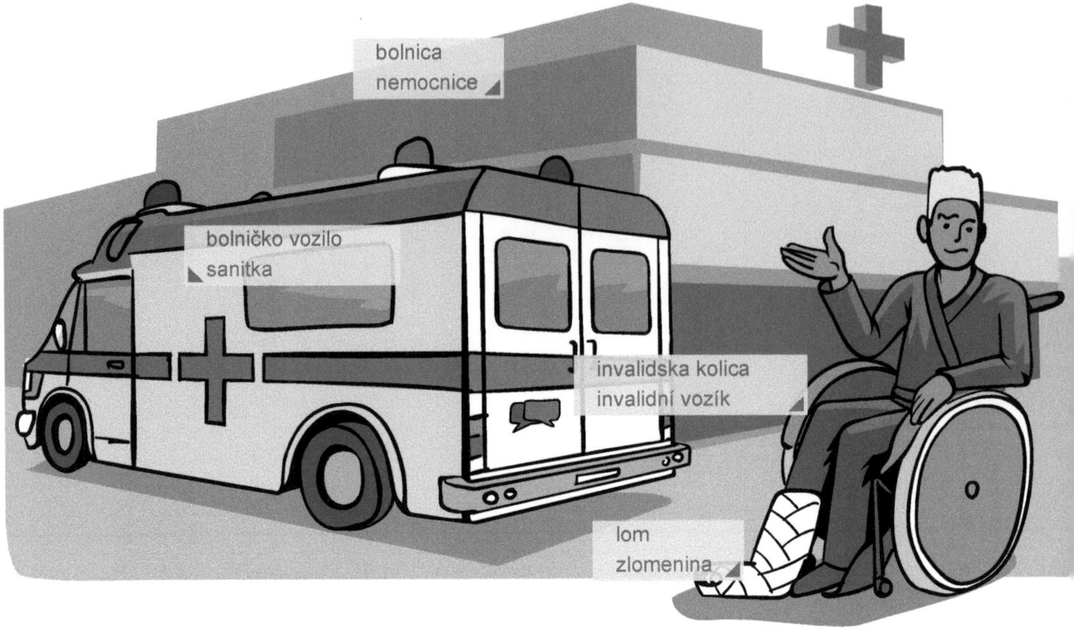

bolnica
nemocnice
bolničko vozilo
sanitka
invalidska kolica
invalidní vozík
lom
zlomenina

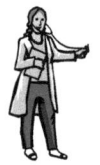

lekar

lékař

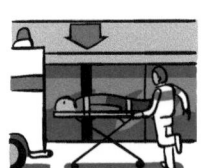

hitna medicinska služba

pohotovost

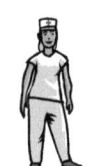

medicinska sestra

zdravotní sestra

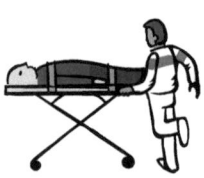

hitni slučaj

urgentní případ

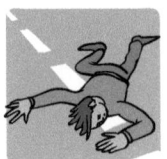

nesvest

v bezvědomí

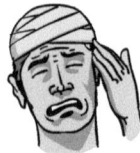

bol

bolest

povreda

úraz

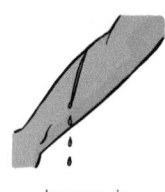

krvarenje

krvácení

srčani udar

infarkt myokardu

udar

cévní mozková příhoda

alergija

alergie

kašalj

kašel

groznica

horečka

gripa

chřipka

proliv

průjem

glavobolja

bolest hlavy

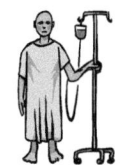

rak

rakovina

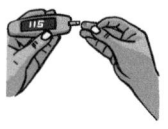

dijabetes

cukrovka

hirurg

chirurg

skalpel

skalpel

operacija

operace

ct

CT

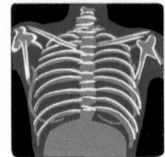

rentgen

rentgen

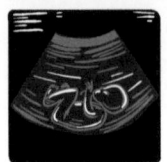

ultrazvuk

ultrazvuk

maska

maska

bolest

nemoc

čekaona

čekárna

štaka

berle

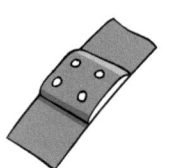

flaster

náplast

zavoj

obvaz

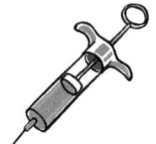

injekcija

injekce

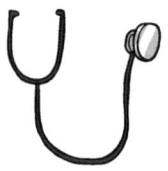

stetoskop

stetoskop

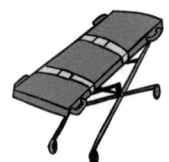

nosila

nosítka

termometar

teploměr

rođenje

porod

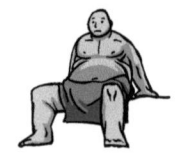

prekomerna težina

nadváha

slušni aparat

naslouchátko

sredstvo za dezinfekciju

dezinfekční prostředek

infekcija

infekce

virus

virus

HIV / AIDS

HIV / AIDS

medicina

lékařství

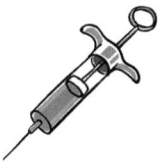

vakcinacija

očkování

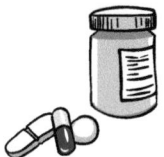

tablete

tablety

pilula

pilulka

hitni poziv

tísňové volání

uređaj za merenje pritiska

tonometr

bolesno / zdravo

nemocný / zdravý

pomoć!

Pomoc!

alarm

poplach

nasrtaj

přepadení

napad

napadení

opasnost

nebezpečí

izlaz u slučaju nužde

nouzový východ

požar!

Hoří!

protivpožarni aparat

hasicí přístroj

nezgoda

nehoda

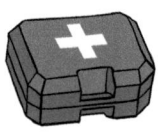

kutija prve pomoći

zdravotnická brašna

sos

SOS

policija

policie

Evropa

Evropa

Severna Amerika

Severní Amerika

Južna Amerika

Jižní Amerika

Afrika

Afrika

Azija

Asie

Australija

Austrálie

Atlantik

Atlantik

Pacifik

Pacifik

Indijski okean

Indický oceán

Antarktički okean

Jižní ledový oceán

Arktički ocean

Severní ledový oceán

Severni pol

severní pól

Južni pol
....
jižní pól

Antarktik
....
Antarktida

zemlja
....
země

zemlja
....
pevnina

more
....
moře

otok
....
ostrov

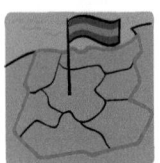

nacija
....
národ

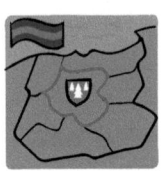

država
....
stát

brojčanik sata

ciferník

satna kazaljka

hodinová ručička

minutna kazaljka

minutová ručička

sekundna kazaljka

vteřinová ručička

Koliko je sati?

Kolik je hodin?

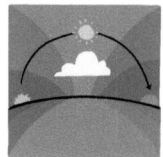

dan

den

vreme

čas

sada

teď

digitalni sat

digitální hodinky

minuta

minuta

čas

hodina

sedmica

týden

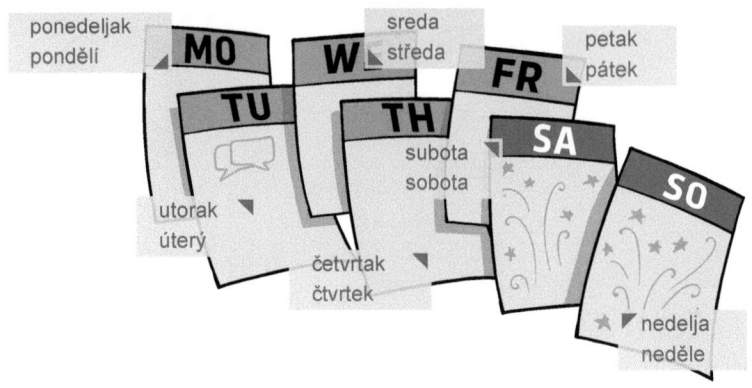

ponedeljak
pondělí
MO

sreda
středa
W

petak
pátek
FR

TU

TH

SA

utorak
úterý

subota
sobota

SO

četvrtak
čtvrtek

nedelja
neděle

juče
....
včera

danas
....
dnes

sutra
....
zítra

jutro
....
ráno

podne
....
poledne

veče
....
večer

radni dani
....
pracovní dny

vikend
....
víkend

godina
rok

kiša
déšť
duga
duha
sneg
sníh
vetar
vítr
proleće
jaro
jesen
podzim
leto
léto
zima
zima

4.APRIL 11°
5.APRIL 4°
6.APRIL 13°
7.APRIL 8°
8.APRIL 10°

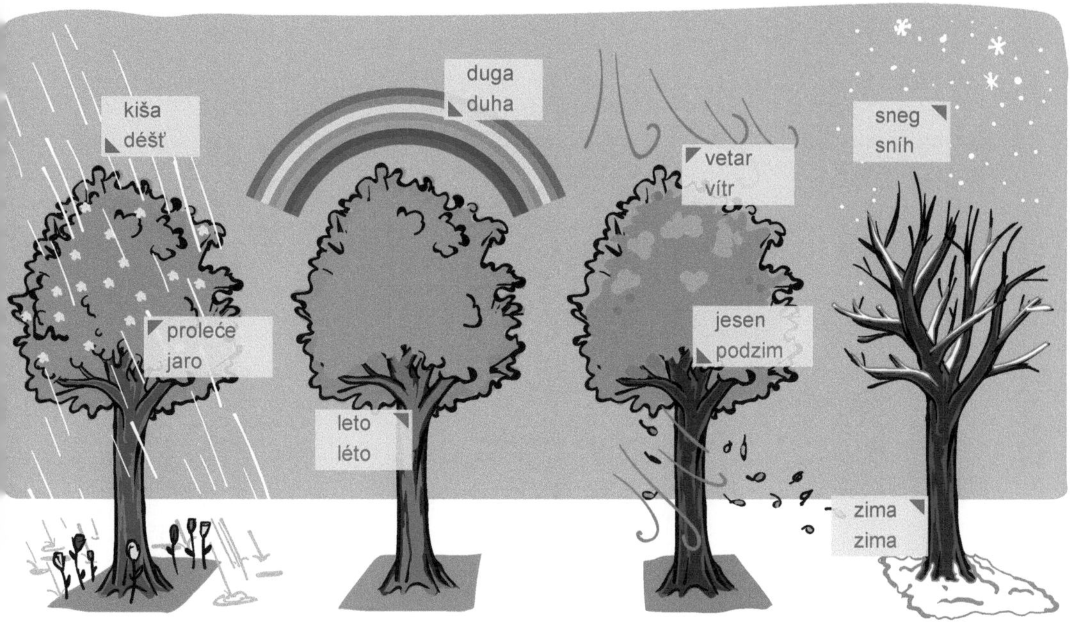

meteorološka prognoza

předpověď počasí

F C
120 40
90 30
60 20
30 10
0 0
-30 -10
-20

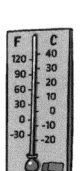

termometar

teploměr

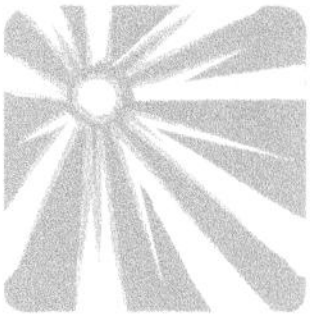

sunčana svetlost

sluneční svit

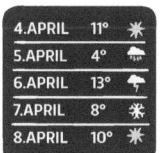

oblak

mrak

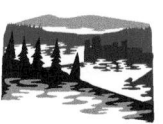

magla

mlha

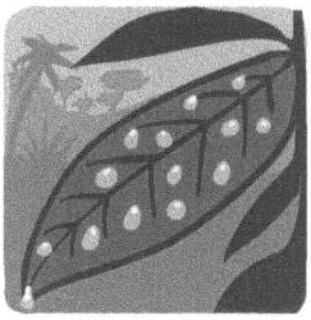

vlažnost vazduha

vlhkost

munja

blesk

grmljavina

hrom

oluja

bouřka

tuča

kroupy

monsun

monzun

poplava

povodeň

led

led

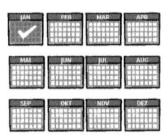

januar

leden

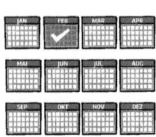

februar

únor

mart

březen

april

duben

maj

květen

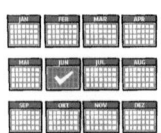

juni

červen

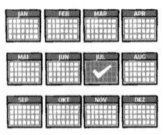

juli

červenec

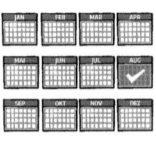

avgust

srpen

godina - rok

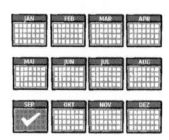

septembar
....
září

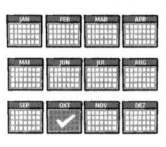

oktobar
....
říjen

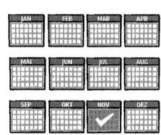

novembar
....
listopad

decembar
....
prosinec

oblici
tvary

krug
....
kruh

kvadrat
....
čtverec

pravougao
....
obdélník

trougao
....
trojúhelník

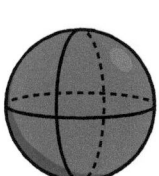

kugla
....
koule

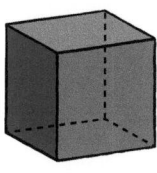

kocka
....
krychle

bela
....
bílá

žuta
....
žlutá

narandžasta
....
oranžová

ružičasta
....
růžová

crvena
....
červená

ljubičasta
....
fialová

plava
....
modrá

zelena
....
zelená

smeđa
....
hnědá

siva
....
šedá

crna
....
černá

mnogo / malo

hodně / málo

ljutito / mirno

rozzuřený / mírumilovný

lepo / ružno

krásný / ošklivý

početak / kraj

začátek / konec

veliko / maleno

velký / malý

svetlo / tamno

světlý / tmavý

brat / sestra

bratr / sestra

čisto / prljavo

čistý / špinavý

potpuno / nepotpuno

úplný / neúplný

dan / noć

den / noc

mrtvo / živo

mrtvý / živý

široko / usko

široký / úzký

jestivo / nejestivo

jedlý / nejedlý

zlo / dobro

zlý / hodný

uzbuđeno / dosadno

vzrušený / znuděný

debelo / mršavo

tlustý / hubený

na početku / na kraju

nejdříve / naposledy

prijatelj / neprijatelj

přítel / nepřítel

puno / prazno

plný / prázdný

tvrdo / mekano

tvrdý / měkký

teško / lagano

těžký / lehký

glad / žeđ

hlad / žízeň

bolesno / zdravo

nemocný / zdravý

ilegalno / legalno

ilegální / legální

pametno / glupo

inteligentní / hloupý

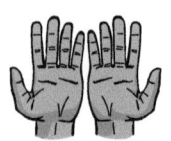

levo / desno

vlevo / vpravo

blizu / daleko

blízko / daleko

suprotnosti - protiklady

novo / polovno

nový / použitý

ništa / nešto

nic / něco

staro / mlado

starý / mladý

uključeno / isključeno

zapnutý / vypnutý

otvoreno / zatvoreno

otevřeno / zavřeno

tiho / glasno

tichý / hlasitý

bogato / siromašno

bohatý / chudý

tačno / pogrešno

správný / špatný

hrapavo / glatko

drsný / hladký

tužno / sretno

smutný / šťastný

kratko / dugo

krátký / dlouhý

polako / brzo

pomalý / rychlý

mokro / suho

vlhký / suchý

toplo / hladno

teplý / chladný

rat / mir

válka / mír

0	**1**	**2**
nula	jedan	dva
nula	jedna	dva

3	**4**	**5**
tri	četiri	pet
tři	čtyři	pět

6	**7**	**8**
šest	sedam	osam
šest	sedm	osm

9	**10**	**11**
devet	deset	jedanaest
devět	deset	jedenáct

12

dvanaest

dvanáct

13

trinaest

třináct

14

četrnaest

čtrnáct

15

petnaest

patnáct

16

šestnaest

šestnáct

17

sedamnaest

sedmnáct

18

osamnaest

osmnáct

19

devetnaest

devatenáct

20

dvadeset

dvacet

100

stotinu

sto

1.000

hiljadu

tisíc

1.000.000

milion

milion

engleski

angličtina

američki engleski

americká angličtina

mandarinski kineski

standardní čínština

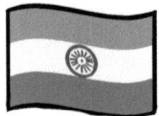

hindski

hindština

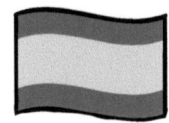

španski

španělština

francuski

francouzština

arapski

arabština

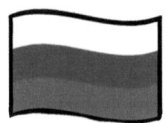

ruski

ruština

portugalski

portugalština

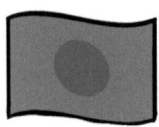

bengalski

bengálština

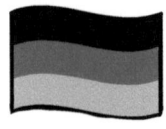

nemački

němčina

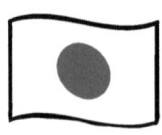

japanski

japonština

ja

já

ti

ty

on / ona / ono

on / ona / ono

mi

my

vi

vy

oni

oni

Ko?

Kdo?

Šta?

Co?

Kako?

Jak?

Gde?

Kde?

Kada?

Kdy?

ime

jméno

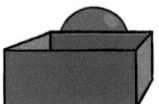

iza

za

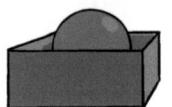

u

do

ispred

z

preko

nad

na

na

ispod

mezi

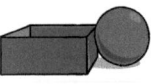

pored

vedle

između

mezi

mesto

místo